W0330088

L'œuf de coucou

Chantecler

© MCMLXXXVII by Editions Chantecler, division de la Zuidnederlandse Uitgeverij N.V., Aartselaar, Belgique.
Toute reproduction ou publication d'un extrait quelconque de ce livre par quelque procédé que ce soit et notamment par photocopie ou microfilm est strictement interdite sans autorisation préalable écrite de l'éditeur.
Texte de W. Oliviers et M. Smets.
Illustrations de V. Polak.
D-MCMLXXXVII-0001-227

1

«Il n'y en a plus pour longtemps», dit Maman en frottant son ventre rond d'un geste las. «Au maximum trois semaines environ!»
«Et Marie aura un petit frère!» chantonne Papa derrière son journal. «Dis, Marie, comment allons-nous l'appeler?»
«Ce sera peut-être une sœur», intervient Maman. «Que préférerais-tu, Marie?»
Marie hausse les épaules. La bouche pleine, une trace de lait sur la lèvre supérieure et deux tranches de pain en mains, elle se lève de table. Ensuite, elle court sans se soucier de quoi que ce soit vers le clapier, qui se trouve dans le fond du jardin, à côté du poulailler. C'est là qu'habitent Noiraud et Blanchet, les deux lapereaux qu'elle a reçus le mois dernier pour ses neuf ans. Habitués à la présence de Marie ainsi qu'à la croûte de pain quotidienne, ils sautent d'empressement contre le treillis. Marie ouvre vite la porte pour en sortir les deux petits animaux.
«C'est bon, n'est-ce pas?» dit-elle aux deux gourmands en caressant leur pelage duveteux. Soudain, elle entend Maman crier au loin. «Ohé, il est l'heure!»
Marie donne un baiser rapide à Noiraud et à Blanchet avant de les remettre en cage.
«Je viendrai vous voir après l'école», leur promet-elle.
Ensuite, elle traverse le jardin en sautillant à la manière des lapins.

Elle s'arrête soudain car elle a vu quelque chose près du potager, à côté d'un gros chou, là, dans l'herbe. C'est rond et ça brille dans les premiers rayons de ce pâle soleil matinal. Serait-ce une balle de ping-pong? Ou est-ce une balle de tennis? Marie s'empresse d'approcher.
Il s'agit d'un œuf!
Une des poules se serait-elle échappée? Marie se penche pour le ramasser. Non, cela ne ressemble vraiment pas à un œuf de poule! Celui-ci est plus gros, rond comme une balle et tacheté de points sombres.
«MARIE!!! Veux-tu bien te dépêcher!» crie Maman d'une voix impatiente.
«J'arrive!» dit Marie en courant vers la maison, l'œuf bien serré contre elle.
«Regarde ce que j'ai trouvé», dit-elle avant que Maman n'ait l'occasion de la sermonner. Maman prend l'œuf et l'examine sous toutes ses faces.
«Qu'il est beau!» murmure-t-elle. «Regarde, Albert.»
Papa dépose son journal et les rejoint.
«Et dire qu'un petit être vivant va sortir de ceci», dit Maman, les yeux remplis de rêves.
«Ah les mamans», dit Papa attendri en serrant Maman dans ses bras afin de la cajoler amoureusement.
«C'est un œuf de quoi?» demande Marie, un peu perdue.
«Nous chercherons plus tard!» répond Papa. «Dépose-le dans un lieu sûr et va à l'école maintenant. Allons!»
L'œuf bien en mains, Marie monte dans sa chambre. Elle ne sait pas très bien où le déposer. Un endroit sûr, a dit Papa. Mais où? C'est qu'un œuf, ça roule ...
Tout à coup, ses yeux s'illuminent: elle prend son oreiller et le dépose avec précaution sur l'œuf.
N'est-ce pas la bonne solution?

Ensuite, Marie enfile son manteau, saisit son cartable au vol et dévale l'escalier.
«A tout à l'heure!» crie-t-elle en traversant le hall d'entrée avant de refermer la porte derrière elle.

2

Toute la journée, Marie ne cesse de penser à l'œuf: comment est-il arrivé jusqu'au jardin? De quel oiseau s'agit-il? Que va donner l'éclosion?
C'est à toutes ces choses que Marie pense, oubliant ainsi le professeur et ses leçons.
Lorsque la cloche sonne pour annoncer la récréation, Marie se précipite à la bibliothèque.
«Un livre sur les oiseaux?» répète le bibliothécaire.
«Hm ... Attends un peu ... Tout derrière, deuxième planche à droite, tu trouveras!»
Il faut quelques minutes avant que Marie ne trouve le livre qu'elle cherche: «LE GUIDE DES OISEAUX POUR LES AMIS DE LA NATURE. Répertoire complet des oiseaux d'Europe Centrale et Occidentale.»
Marie feuillette le manuel en vitesse. Il y a sur chaque page de jolies reproductions d'oiseaux accompagnés de leurs œufs.
Elle n'aurait jamais cru qu'il existait autant d'espèces. Certains portent les noms les plus étranges: torcol, culblanc, pic vert ...
Juste au moment où la cloche sonne, Marie découvre l'image d'un œuf rond tacheté. Le voilà! Le titre lui apprend de quel oiseau il s'agit: *«le coucou»*.
Mais la cloche se met à sonner une seconde fois, signe que les élèves doivent rejoindre leur classe.

Et que fait Marie? Elle jette un coup d'œil dans la direction du bibliothécaire et voit que celui-ci a le dos tourné. Elle s'empresse alors de cacher le livre sous son pull avant de passer devant l'homme en affichant un air innocent.
«As-tu trouvé quelque chose?» demande-t-il avec gentillesse.
«Je reviendrai demain», lui répond Marie en serrant fortement les bras contre son ventre. Ensuite, elle se dépêche pour arriver juste à temps en classe.
Tandis que le professeur situe sur une grande carte murale les régions boisées et agricoles d'Europe en accompagnant son discours de gestes amples, Marie essaie de lire aussi discrètement que possible ce qui est écrit à propos du coucou. Pour ce faire, elle dépose le livre sur ses genoux, en dessous du banc.
«Les coucous déposent leurs œufs dans le nid d'autres oiseaux. Une fois éclos, le jeune coucou expulse les autres œufs et oisillons du nid.»
Croyant s'être trompée, Marie relit la fin de cette phrase: *«... hors du nid»*. Elle avait donc bien lu! Un dessin montre d'ailleurs un laid oisillon, rose et nu, en train de pousser avec ses petites ailes et son derrière un autre petit oiseau hors du nid. Sans aucune pitié! Quel fourbe! Et qu'en pensent les parents? Marie continue sa lecture:
«Les parents adoptifs ne remarquent pas la différence avec les autres oisillons. Ils nourrissent en effet le jeune coucou comme s'il s'agissait d'un de leurs petits.»
Quels idiots! Ils ne remarquent même pas que leur propre jeune a été expulsé du nid. Imaginez un peu! Heureusement que Marie, elle, n'a pas de tels parents ...
«La croissance du jeune coucou est rapide et impression-

nante», lit Marie sur la page suivante. *«Après quelques jours, l'oisillon est déjà plus grand que ses parents adoptifs. Comme son appétit se développe, le coucou a de plus en plus besoin de grosses chenilles velues.»*
De grosses chenilles velues, bèèèk! ... Pas étonnant que ces jeunes coucous soient si laids. A force de manger ces horreurs ...
Marie examine avec dégoût la photo d'un petit oiseau gracieux qui dépose une grosse chenille velue dans le bec grand ouvert d'un jeune coucou paresseux.
Indignée, elle referme le livre. Comment est-il possible qu'un tel monstre puisse éclore d'un si joli œuf? Et dire que c'est ce qu'elle a trouvé dans le jardin ce matin, et que cet œuf se trouve actuellement sous son oreiller! La

colère de Marie est telle qu'elle oublie où elle se trouve.
«Où se situent les régions les plus fertiles dans notre pays?» lui demande le professeur à ce moment précis.
«... sous mon oreiller!» répond Marie qui vient de répéter à haute voix sa dernière pensée. Sa réaction l'effraie. Il est vrai que le professeur et les autres élèves la regardent d'un air étonné. Ensuite, toute la classe se met à hurler de rire.
«Rendors-toi, Marie», lui dit le professeur fâché. «De toute façon, je te donne un ZERO que tu mettras également sous ton oreiller!»
Honteuse, Marie se dissimule le plus possible derrière sa voisine en essayant de se faire aussi petite que possible jusqu'à la fin de la leçon.

3

Marie grimpe les escaliers quatre à quatre. Elle entre dans sa chambre et se dirige directement vers le lit pour soulever l'oreiller: l'œuf est encore là!
A présent, Marie le voit d'un tout autre œil: il ne s'agit plus du gros œuf mignon d'un oiseau inconnu. Non, il s'agit de l'enveloppe d'un oisillon monstrueux qui va assassiner dès sa naissance tous ses petits frères et sœurs! Une véritable horreur!
Marie n'a plus qu'une intention: se débarrasser de cet œuf! N'importe où, mais pas dans sa chambre ni dans le jardin!
A ce moment-là, Papa entre dans la pièce, les bras chargés d'une grande caisse en carton.
«Surprise!» s'écrie-t-il avec enthousiasme. Ensuite, il dépose la caisse par terre et pince tendrement le nez de Marie.
«Aha, c'est donc ainsi que tu as gardé l'œuf», dit-il.
«Tu veux toujours savoir de quel oiseau il provient?»
«Oh! tu sais ...» dit Marie d'une voix peu enthousiaste,
«... je ne crois pas que ...»
Papa, qui n'écoute pas sa fille, commence à ouvrir la boîte.
«Comment allons-nous le savoir? Grâce à cette ... COUVEUSE! » s'écrie-t-il triomphalement. «Si on y laisse l'œuf assez longtemps, il en sortira quelque chose d'ici quelques semaines!»

Marie regarde la couveuse d'un air peu convaincu. Il s'agit d'un grand bac rectangulaire, avec sur le devant, une paroi en verre et sur le dessus, un couvercle amovible. Un fil électrique sort de la boîte, que Papa a placée à côté du lit.

Dès qu'il branche la prise, deux ampoules se mettent à diffuser une lumière vive.

«C'est pour la température», explique Papa. «Les lampes dégagent de la chaleur, cette chaleur est absolument nécessaire pour l'éclosion.»

Ensuite, il dévisse le couvercle du dessus et place un petit pot rempli d'eau au fond de la caisse.

«Ceci, c'est pour l'humidité», continue-t-il. «Tu dois bien veiller à ce qu'il y ait toujours suffisamment d'eau dans le pot.»

Ensuite, Papa prend l'œuf sur lequel il fait une croix avec un feutre vert. La croix est en bas lorsqu'il dépose prudemment l'œuf dans la caisse.

«Tu dois le retourner chaque jour. C'est très important; sinon, nous n'aurons rien du tout.»

Papa referme finalement le couvercle et examine son travail d'un air satisfait.

«Si tu fais comme je t'ai dit de faire, un petit bébé éclora d'ici trois semaines», dit-il en caressant la tête bouclée de Marie avant de s'en aller.

Pétrifiée, celle-ci regarde la couveuse. La conversation du matin lui revient à la mémoire:

«Il n'y en a plus pour longtemps, au maximum trois semaines, et Marie aura un petit frère.»

«Et dire qu'un petit être vivant va sortir de ceci!»

«Si tu fais comme je t'ai dit de faire, un petit bébé éclora d'ici trois semaines!»

Marie se frappe alors la main sur le front: elle vient en effet de tout comprendre!
Comment a-t-elle pu croire toutes ces histoires au sujet de Maman et de son ventre rond, dans lequel le bébé se trouve, dit-on. Mensonges que tout cela! Cela fait des années que Papa a un ventre aussi rond que celui de Maman, et pourtant il n'en est jamais rien sorti! Et Lisette, la meilleure amie de Marie, elle non plus ne sait rien! Cette sotte pense que les bébés sont apportés par une cigogne dans un drap blanc. Pauvre Lisette! Elle raconte toute cette histoire parce qu'une cigogne est dessinée sur son faire-part de naissance. Et les explications de Mamie sont encore plus loufoques: les bébés naissent dans les choux! Dans les grands choux rouges! Imaginez un peu! Il faut dire que, depuis la mort de Grand-Père, Mamie dit de plus en plus de sottises. Il ne faudrait tout de même pas qu'ils pensent que Marie est assez stupide pour croire toutes ces sornettes! Elle a en fait découvert la vérité sans aucune aide. Les événements d'aujourd'hui lui ont ouvert les yeux: Marie sait à présent d'où proviennent les bébés: D'UN ŒUF! C'est aussi simple que cela!
Marie se sent soulagée de connaître la vérité.
Elle se couche donc devant la couveuse pour admirer l'œuf qui contient son petit frère. Ou peut-être sa petite sœur?
Soudain, le texte qu'elle a lu dans le livre à la bibliothèque lui revient à l'esprit.
«L'ŒUF DE COUCOU!»
D'un bond, Marie se relève. L'œuf qu'elle a trouvé ce matin dans le jardin n'est pas celui de Papa et Maman! C'est l'œuf de parents étrangers. De parents-coucous. Cette situation ne lui plaît pas du tout. De plus, Papa et

Maman sont si bêtes qu'ils se sont laissés prendre au piège! Il est vrai qu'ils n'ont jamais eu l'occasion de feuilleter le «GUIDE DES OISEAUX POUR LES AMIS DE LA NATURE».
Heureusement qu'elle a découvert le pot-aux-roses. Il faut vite faire quelque chose! Mais quoi?
Marie regarde l'œuf avec méfiance.
N'a-t-il pas bougé? Elle en parierait sa poupée préférée: L'ŒUF A GROSSI D'AU MOINS UN CENTIMETRE!
Ne vaudrait-il pas mieux débrancher la prise immédiatement? Non, Papa serait fâché. Mais ils ne pensent tout de même pas qu'elle va s'occuper d'un œuf qui, tôt ou tard, la mènera à sa perte! Marie ne parvient pas à oublier. Les mêmes pensées lui viennent à l'esprit pendant toute la

soirée: Que faire de cet œuf? Comment s'en débarrasser? Au cours du repas, elle n'adresse la parole à personne. Elle ne mange même pas son dessert, alors qu'il s'agit d'une crème glacée à trois arômes avec de la crème fraîche!

4

Jamais auparavant, Marie ne s'est sentie aussi mal à l'aise dans sa chambre que ce soir. Quoiqu'elle soit douillettement couchée dans son lit, avec sa poupée préférée serrée tout contre elle, la petite fille ne parvient pas à trouver le sommeil.

Il est vrai que la couveuse, cette intruse, la dérange fortement. Elle dégage une faible lueur à travers le drap que Maman a placé sur la caisse.

Marie détourne alors la tête et fixe le plafond.

Tout à coup, une détonation suivie d'un bruit de verre cassé et d'un craquement de bois retentit. Marie s'enfonce profondément dans les couvertures, retient son souffle et attend ...

Toutefois, rien ne se passe. La petite fille se risque donc à jeter prudemment un coup d'œil hors de sa cachette. La lumière de la couveuse est éteinte, de telle sorte que la pièce est plongée dans l'obscurité la plus complète. Réunissant tout son courage, Marie sort du lit et se dirige à tâtons vers l'interrupteur.

«CLIC.» Elle doit attendre pour s'habituer à la lumière qui l'éblouit, avant de regarder en direction de la couveuse. Elle n'est plus là! Il ne reste en effet que quelques planches fendues, un petit amas de verre et un drap.

Et parmi tout cela — ou plutôt au-dessus de tout cela — l'œuf! Aussi gros qu'un ballon de basket-ball, rond et

imperturbable! Abasourdie, Marie observe cette scène incroyable en faisant des yeux aussi grands que des œufs. Tandis qu'elle ne cesse de le fixer, Marie voit l'œuf grandir. Lentement certes, mais il GRANDIT! En grandissant, il repousse les débris de verre et les planches. Avant que Marie ne se soit remise de son étonnement, l'œuf a déjà atteint la taille de cinquante centimètres au moins! La petite fille réalise soudain qu'il est temps d'agir.
Le plus vite sera le mieux: elle ne peut tout de même pas rester là à regarder l'œuf grandir et devenir aussi volumineux que la chambre.
Marie surmonte donc sa peur et s'approche de l'œuf d'un air décidé. Plus elle s'approche, plus il grossit.
Ensuite, elle le touche d'un doigt, puis d'une main: l'œuf

est tout chaud et tremble parfois légèrement. Marie appuie contre les parois mais rien ne bouge. Faut-il l'emporter? Mais comment transporter un tel œuf? Elle l'entoure de ses bras et pousse de toutes ses forces avec son ventre, ses épaules et sa joue gauche. Il est cependant impossible de soulever une telle pièce.

Ho hisse, rien à faire!

Fâchée, Marie s'accroche de nouveau à l'œuf en y mettant encore plus de force et ... FLOUPS ... l'œuf lui glisse des mains et commence à rouler lentement ...

Il fait un, deux, trois tours sur lui-même, roule encore quelques centimètres à gauche puis à droite pour finalement s'immobiliser près de la porte, en ne cessant de grossir.

«J'ai une idée», pense Marie. «Puisque je ne peux pas le porter, je vais le faire rouler!»

Elle pose ses épaules contre l'œuf, compte jusqu'à trois et pousse de toutes ses forces ...

Et ça marche! L'œuf commence à bouger lentement en hésitant, mais ensuite, plus de problèmes, il roule! Le voilà qui passe la porte ... le palier ... Et arrive à l'escalier.

«Hé, ho ... ARRETE ... L'ESCALIER!!!»

Marie se rue devant l'œuf en essayant de le retenir avec son corps. Cela ne sert à rien, l'énorme pièce continue sa course. Effrayée, Marie recule.

«STOP!» crie-t-elle à pleins poumons. Hélas, un œuf n'a pas d'oreilles pour entendre ...

Marie s'agrippe à la rampe, tend une main et un pied, puis ferme les yeux ...

L'œuf vient alors buter contre son pied et rebondit quelque peu avant de changer de direction. Ensuite, il effleure le mur, frôle Marie et se met à dégringoler l'escalier.

Cahin-caha, le voilà qui atterrit au bas des escaliers avant de terminer sa course en butant violemment contre le mur du hall.

«CRAAAC!» fait la coquille lorsque l'œuf se casse en deux! D'où elle est, Marie aperçoit à son grand étonnement une bouillie épaisse s'écouler de l'œuf et se répandre sur le sol. Une grosse masse informe et visqueuse se trouve au milieu des débris.

Tout à coup, la porte de la chambre des parents s'ouvre brusquement: Maman et Papa, tous deux en pyjama, se ruent sur leur fille.

«Marie, mon trésor, que s'est-il passé?» crie Maman en prenant sa petite fille dans ses bras.

«... L'... L'... L'ŒUF ...», bredouille-t-elle ébahie en montrant le bas de l'escalier.

«Petite peste!» s'écrie Maman avant de lui donner une gifle et d'éclater en sanglots.

«Le pauvre petit», gémit-elle, «as-tu vu, elle a brisé ce beau petit œuf!»

Fâchée, Maman se met à gronder Marie. «Ne peux-tu jamais rien faire de bon?» lui reproche-t-elle.

Papa, lui, reste là, accablé de désespoir et de découragement.

«J'ai apporté une couveuse, spécialement pour toi», dit-il entre deux sanglots. «Je t'ai tout expliqué, mais à quoi bon? Cela n'a servi à rien!»

Ensuite, il regarde Marie d'un air fâché et d'un geste, lui désigne sa chambre à coucher.

«Au lit, enfant indigne! Ouste! Nous parlerons demain. Tu ne perds rien pour attendre, crois-moi!»

Marie baisse la tête et, les yeux remplis de larmes, rejoint sa chambre.

«Tout aurait pu être si beau», entend-elle Maman pleurnicher.
«Remonte te coucher», répond Papa pour la consoler. «Tu ne dois pas t'énerver dans ton état. Je ramasserai tout demain.»

5

Marie estime qu'elle a été traitée de façon injuste! Plus elle y réfléchit et plus sa colère grandit.
Ce n'est tout de même pas sa faute si l'œuf s'est mis à grossir de la sorte! Et s'il a détruit la couveuse!
Bien sûr, elle n'aurait pas dû essayer de le faire rouler. Mais elle ne l'a pas cassé exprès! On ne peut quand même pas l'en accuser!
Finalement, en réfléchissant bien, ce n'est pas plus mal: ce fichu œuf est cassé, ce qui convient bien à Marie.
Demain, elle essaiera d'expliquer à ses parents qu'ils ont commis une erreur. Que ce n'est pas leur enfant qui a dégringolé les escaliers. Qu'il s'agissait en fait de l'œuf de faux parents, d'un œuf dans lequel il y avait un enfant-coucou. Et qu'un tel enfant n'est que source de malheur et de tristesse.
Elle leur dira tout cela. S'ils ne la croient toujours pas, elle leur montrera «LE GUIDE DES OISEAUX POUR LES AMIS DE LA NATURE». Tout y est écrit noir sur blanc!
Marie doit dormir maintenant, quoiqu'il ne soit pas du tout simple de trouver le sommeil lorsqu'on a la tête encombrée de pensées et que la joue vous picote d'avoir reçu une gifle.
Au moment où elle ferme les yeux, Marie entend un bruit! Il s'agit d'un petit sifflement qui semble provenir de son lit. Elle retient sa respiration et tend l'oreille: rien! Ce doit

être son imagination qui lui a joué un mauvais tour. Rassurée, elle embrasse sa poupée.
«CHCHCHCH ...» Voilà que ça recommence! Il s'agit du même bruit, aussi sourd et imprécis, mais il dure plus longtemps.
Marie se lève: en fait, ce bruit ne provient pas du lit, mais bien d'en bas.
«L'ŒUF!» Ce mot lui traverse l'esprit. Elle sort de sa chambre et va sur la pointe des pieds jusqu'à la rampe d'escalier, en veillant cette fois à ne pas réveiller ses parents. Ensuite, elle se risque à jeter un coup d'œil vers le bas et reste abasourdie!
Dans la lumière blafarde de la veilleuse, qui, comme chaque nuit, reste allumée au pied de l'escalier, Marie voit les débris d'œuf et cette espèce de bouillie dans laquelle la masse informe SE MET A BOUGER!!!
Marie parvient à peine à contenir sa frayeur. Que doit-elle faire? Réveiller ses parents? Mais peut-être vont-ils encore la gronder. Doit-elle aller voir elle-même? Mais cette chose alors ... De toute façon, elle pourra toujours remonter l'escalier à toute vitesse au cas où ...
Marie entreprend donc de descendre prudemment l'escalier. La masse gluante est toujours à la même place lorsque la petite fille s'en approche.
Mais il s'agit d'un bébé, d'un énorme bébé, à moitié redressé, tout flasque, lent et maladroit.
Ses yeux sont encore fermés et sa bouche est entrouverte. La gelée qui l'entoure l'étouffe presque, ce qui rend sa respiration difficile.
Ses petites mains potelées essaient de s'agripper à quelque chose. Marie sait qu'il va étouffer si elle n'intervient pas.

Mais pourquoi l'aiderait-elle? Quoiqu'il ressemble à un bébé, il ne s'agit en fait que d'un monstre, d'un enfant-coucou qui l'expulsera dès qu'il en aura l'occasion. Elle ne fait donc aucun geste pour le secourir. Que du contraire! Elle fait demi-tour et rejoint sa chambre.
Elle seule sait que le «bébé» aura un peu vécu. Elle ne le dira à personne, surtout pas à Papa ou à Maman.
Demain, ils rangeront tout ce désordre et on n'en parlera plus.

6

Le lendemain matin, Marie est réveillée par un cri perçant. Elle saute de son lit, traverse le couloir en courant et se penche par-dessus la rampe. Au pied de l'escalier, Papa et Maman admirent la scène avec ravissement.
L'enfant-coucou, assis entre eux deux, resplendit de santé! Il a mangé toute la bouillie épaisse ainsi que l'espèce de gelée qui se trouvait sur le sol. Maintenant, il est occupé à grignoter les derniers débris de sa coquille.
Nu comme un ver, il se met à ramper sur le sol à la recherche de nourriture.
Ensuite, le voilà qui se met à mordiller le tapis. Cela ne semble cependant pas lui plaire puisque, aussitôt, il recrache ce qu'il a en bouche. Il pousse alors un cri assourdissant, encore plus strident que la sirène des pompiers.
Les vitres se mettent à vibrer, les murs à trembler, et même la rampe à laquelle Marie est accoudée bouge dangereusement.
Maman passe immédiatement à l'action. Elle sait que faire avec les bébés affamés, c'est son domaine!
«Porte ce bambin dans la chambre de Marie!» crie-t-elle pour dominer les pleurs du petit. «Moi, entre temps, je vais lui préparer une panade!» Et la voilà qui fonce vers la cuisine.
«Ce bambin!» pense Marie avec amertume.
Papa se met à froncer les sourcils: comme tous les papas,

il est mal à l'aise et peu rassuré à l'idée de devoir prendre un nouveau-né dans ses bras. D'autant plus que, dans ce cas-ci, le bébé mesure environ un mètre cinquante et pèse cinquante kilos!

Néanmoins, Papa parvient au prix de nombreux efforts à soulever le bambin et à le hisser pas à pas jusqu'en haut des escaliers.

Marie retourne dans sa chambre en hochant la tête. Elle se cache alors sous les draps et ferme les yeux aussi fort qu'elle peut en se cramponnant à sa poupée.

«Je vais faire semblant de dormir», pense-t-elle, «sinon, je vais devoir céder mon lit.» Mais cela ne sert à rien.

«Tire-toi de là!!!» ordonne Papa tout essoufflé et chancelant, alors que la sueur lui perle sur le front. Effrayée, Marie se lève et va se recroqueviller dans un coin de la pièce. Papa réunit ses dernières forces pour mener le bébé jusqu'au lit afin de le déposer sur les draps, écrasant ainsi la poupée que Marie a dû abandonner dans sa fuite.

«Pauvre poupée», pense-t-elle en versant quelques larmes. L'enfant-coucou vient de faire sa première victime!

Marie n'a toutefois pas le temps de s'apitoyer, car Maman vient d'entrer dans la pièce, une bouteille de lait à la main.

«Regarde ce que Maman a préparé pour son petit chéri», gazouille-t-elle tendrement. Ensuite, elle s'installe sur le lit et dépose la tête du bébé contre sa poitrine. Dès qu'il sent la bouteille contre ses lèvres, le bébé commence à téter goulûment.

«Pas si vite, mon petit trésor», dit-elle. «Tu risques de te brûler ...»

Mais le bambin s'en moque bien: avant que Maman n'ait terminé sa phrase, il a déjà tout avalé jusqu'à la dernière goutte et se remet à crier de plus belle.

Marie se bouche les oreilles avec les mains.
«Je descends chercher autre chose», crie Papa. Quelques secondes plus tard, il revient avec une grosse marmite de soupe qu'il donne à Maman.
«Mais ... je ne sais pas si ... ceci ...» dit Maman en hésitant.
Le bébé, lui, ne fait ni une ni deux: il arrache la marmite des mains de Maman et la porte à la bouche. D'un seul coup, il engloutit toute la soupe! Ensuite, il laisse tomber le récipient et recommence à hurler.
«Il a un sacré appétit, tu ne trouves pas?» crie Papa.
«Lorsqu'ils ont faim, il faut qu'ils mangent», répond Maman avec assurance. «D'ailleurs, il doit tenir cela de toi ...» ajoute-t-elle sur un ton assez piquant.
«Tu crois?» dit Papa en éprouvant une certaine fierté.
«Dans ce cas, je descends chercher autre chose ...»
Soudain, il aperçoit Marie, toujours assise dans son coin, la tête entre les mains.
«Veux-tu bien m'aider à chercher quelque chose à manger pour ton petit frère, paresseuse», lui ordonne-t-il.
A contrecœur et en boudant, Marie descend à la cuisine avec Papa.

7

Cela fait au moins sept fois que Papa et Marie montent l'escalier: tout ce qui est comestible dans la maison, ils le portent en haut.
Pommes de terre, légumes, fruits, viande, conserves, un paquet de beurre, des biscuits, des bonbons, de la crème ... Tout disparaît dans la bouche grande ouverte de l'enfant-coucou. Peu importe qu'il s'agisse d'aliments grillés, bouillis ou cuits!
Le bambin mâche et avale, suçote et tète, sirote et grignote. Et pendant ce temps, il ne cesse de grandir à une vitesse infernale!
Comme il dépasse de plus de la moitié du lit, Papa a ajouté des chaises et une table. A chaque fois qu'il n'a plus rien en bouche, le bébé éclate en sanglots et pousse d'affreux cris stridents.
En désespoir de cause, Papa lui fourre encore un gros sac d'oignons dans la bouche. Le nouveau-né se met à l'avaler, puis à hoqueter, et tout à coup, «BURPS!», il fait un renvoi. Ensuite, il s'affale brusquement sur le lit de Marie.
Pris de panique, Papa se penche sur le bébé tout rose. «PAUVRE BOUT DE CHOU!» s'écrie-t-il, mais aussitôt, il se redresse terrifié. L'enfant-coucou vient de lui faire pipi à la figure: on dirait que Papa sort de la douche. D'un air extrêmement malheureux, il se tourne vers Maman.
«Le bout de chou a fait pipi», dit-il d'un ton morose.

«Va vite te sécher», lui répond Maman sans aucune compassion. «Ensuite, va jusqu'au supermarché. Prends la voiture, cela ira plus vite et tu pourras ramener encore plus de choses!»
Papa, trempé jusqu'aux os, obéit comme un mouton sous le regard dédaigneux de sa femme.
«N'oublie pas d'acheter des couches-culottes. C'est plus sûr!»
«Des couches-culottes», fait remarquer Marie en regardant l'énorme zizi du bébé, «ce sont plutôt des draps qu'il lui faudrait!» Maman lui lance alors un regard si agressif que la petite fille retourne s'asseoir dans son coin.
Après trois voyages au supermarché pour en ramener une énorme quantité de nourriture, il semble que la faim

du bébé-coucou se soit quelque peu calmée. Il en vient même à fermer les yeux et à s'endormir.
«Ouf, il était temps», murmure Papa en s'épongeant le front. «Nous avons dépensé tout notre argent. Qu'allons-nous faire lorsqu'il s'éveillera?»
Il quitte alors la pièce avec Maman pour discuter de la situation sur le palier.
C'est cet instant que choisit le bébé pour s'éveiller. Il ouvre les yeux et se redresse maladroitement. Des kilos de chair flasque se mettent à tanguer sous les yeux horrifiés de Marie. Le bébé bouche alors l'entrée de la pièce avec son gros derrière et bloque toutes les sorties. Marie se sent tout à coup à l'étroit.
«Maman ...?» dit-elle faiblement d'une voix inquiète. «Pa-

pa ...? Vous m'entendez? Moi aussi, j'ai très faim ...»
La masse de chair pantelante se retourne lentement jusqu'à ce que deux yeux globuleux fixent sinistrement Marie. Ces yeux sont si méchants et cruels que la petite fille en attrape la chair de poule. La bouche du bébé affiche un petit sourire qui ne présage rien de bon. Les yeux de Marie vont de gauche à droite à la recherche d'un espace libre qui permettrait de fuir. Mais en vain! LA VOILA PRISE AU PIEGE!
L'enfant-coucou se laisse maintenant tomber sur les genoux, son énorme derrière tourné vers la petite fille effrayée. Il s'avance à reculons vers elle. Le sol se met à trembler. Dès qu'elle voit s'approcher les deux grosses fesses, Marie se rappelle involontairement les explications du «GUIDE DES OISEAUX POUR LES AMIS DE LA NATURE». Qu'y disait-on encore?
«... *Le jeune coucou expulse les autres oisillons du nid ...*»
«Voilà», se met à penser Marie, «il veut m'expulser!»
Elle se met alors à appeler désespérément ses parents, mais ceux-ci sont bien trop occupés à se disputer pour l'entendre.
«Et moi, je te dis qu'il n'y a plus d'argent pour acheter de la nourriture ...», crie Papa.
«Tu es un pauvre type», lui rétorque Maman violemment. «Tu ne gagnes pas assez d'argent pour entretenir convenablement ta famille! Lâche! Bon à rien!»
Marie se rend compte qu'elle n'a rien à attendre d'eux. C'est pourquoi elle s'adosse contre la fenêtre qui mène au balcon et cherche la poignée. Dès qu'elle l'a trouvée, elle tire dessus: la porte-fenêtre s'ouvre tout à coup, ce qui permet à la petite fille de s'enfuir sur le balcon. L'air frais lui fait du bien, elle reprend son souffle.

Toutefois, le bambin n'abandonne pas: il essaie en effet de faire passer ses grosses fesses par la porte-fenêtre. Marie essaie de le repousser en pure perte; elle ne peut rien contre la force du bébé. Soudain, un craquement violent retentit: l'enfant-coucou vient de briser la porte-fenêtre qui s'écroule en emportant un pan de mur. Marie, en perte d'équilibre, recule contre la rampe du balcon. La voilà à nouveau prise au piège!
«Au secours, à l'aide, Papa, Maman ...» marmonne-t-elle. Mais personne ne vient à son secours.
En désespoir de cause, Marie grimpe par-dessus la balustrade. Le jardin se trouve à quelques mètres sous elle. Le vertige la prend, si bien qu'elle détourne la tête en s'accrochant fermement aux barreaux.
Pendant ce temps, le derrière du bébé se rapproche de plus en plus. Il est déjà contre la balustrade, qui, sous la pression, commence à craquer. Marie a mal aux doigts, ses mains commencent à glisser. Ses pieds dérapent et elle reste pendue à quelques mètres de hauteur.
Marie se fatigue de plus en plus, elle doit lâcher, elle lâche et tombe en hurlant.
Elle sent à cet instant qu'une main l'attrape par la jambe et la fait passer par la fenêtre qui se trouve sous le balcon. Une fois sur le sol, elle aperçoit Papa. Son Papa chéri et adoré vient donc de lui sauver la vie. Folle de joie, elle veut lui sauter au cou, mais il la saisit par le col et la tient en l'air à bout de bras.
«Maman, regarde le beau morceau de viande que j'ai trouvé pour le bébé!» s'écrie-t-il agréablement surpris.
«Tu es un trésor», dit Maman admirative. «Excuse-moi de t'avoir traité de paresseux et de bon à rien. Tu es un mari exemplaire!»

Sur ce, elle lui donne un gros baiser sur la joue. «Viens, emporte-le vite en haut!» poursuit-elle. «Notre bout de chou doit mourir de faim. Ecoute-le pleurer!» Ils s'empressent donc de monter l'escalier, Maman en tête. Papa la suit, fier et satisfait de lui, en tenant fermement la pauvre Marie.

8

Le bébé-coucou, couché sur le ventre, attend. Sa bouche est à présent presque aussi grande que la porte. On peut d'ailleurs voir sa langue aller et venir avidement, à la recherche de nourriture.
A la vue de cette scène, Marie se met à gesticuler comme une possédée au bout des bras de Papa.
«NON-NON-NON!» répète-t-elle en pleurant. «JE NE VEUX PAS, JE NE VEUX PAS ...» Mais c'est comme si Papa ne l'entendait pas. La langue du bébé est si proche à présent que Marie en est toute mouillée.
«ARRETE! ARRETE!» intervient Maman.
Ouf! Marie pousse un soupir de soulagement. Maman est redevenue normale. Juste à temps. Marie, reconnaissante, se tourne vers elle.
«PAS SI VITE, CHERI», dit Maman préoccupée. «NE LUI DONNE PAS TOUT A LA FOIS! COUPE-LA EN DEUX! Ainsi il nous en restera une moitié que nous lui donnerons plus tard. De plus, notre bout de chou risque de s'étrangler avec un pareil morceau ...»
Papa regarde sa femme avec admiration en pensant: «Ce qu'elle est intelligente et prévoyante! Il est en effet bien plus raisonnable d'épargner le dernier morceau de nourriture. Et dire que je n'y avais même pas pensé ...»
Papa emmène donc Marie dans la cuisine et la dépose sur le dressoir. Ensuite, il empoigne deux des plus gros cou-

teaux qu'il commence à aiguiser avec beaucoup de soin. «Veux-tu bien la tenir?» demande-t-il à Maman. «Une telle chenille risque de se démener. Elle vous échapperait des mains avant que vous ne vous en aperceviez ...»
«UNE CHENILLE???» s'écrie Marie effarée. Sont-ils devenus fous? Ne voient-ils pas qu'il s'agit de Marie, leur propre petite fille?
Une fois le couteau aiguisé, Papa se retourne et se penche sur Marie pour commencer son travail.
Ses yeux froids et insensibles se trouvent à présent sur le côté de sa tête. Son nez et sa bouche se sont transformés en une sorte de bec crochu. Marie ne l'avait pas encore remarqué, mais Papa ressemble de plus en plus à un ... oiseau! A l'endroit où pendant des années on trouvait deux bras, il y a maintenant deux belles grandes ailes. Tout comme Maman, d'ailleurs.
«EN DEUX MORCEAUX ...» dit Papa d'une voix transformée en faisant le geste de couper le ventre de Marie.
«JE NE SUIS PAS UNE CHENILLE!» s'écrie-t-elle afin que tout soit clair. Ensuite, elle détourne la tête.
A ce moment-là, la maison se met à trembler. Les murs commencent à vibrer et à vaciller dangereusement. Tout le mobilier se met à danser tandis que des morceaux de plâtre s'écroulent.
Marie profite alors de ce que Papa et Maman marquent un moment d'hésitation pour sauter en bas du dressoir et s'enfuir tête baissée dans le jardin.
Dehors, une énorme surprise l'attend encore: le bébé-coucou est à présent si grand qu'il a détruit tout l'étage. Le sol craque sous le poids du bébe, de telle sorte que la maison s'écroule comme un vulgaire jeu de cartes devant les yeux de Marie.

9

«Regarde comme notre bout de chou a grandi!» s'écrient Papa et Maman, tout heureux d'avoir libéré le petit des décombres.

Le bébé, rose et gras, culmine au-dessus de ses parents adoptifs, la bouche à nouveau ouverte: on dirait un monstre!

«Il a encore faim, je crois», dit Papa en débarrassant ses plumes de la poussière qui s'y trouve.

«C'en est trop!» se dit Marie qui pense qu'il est peut-être plus sûr de s'enfuir au plus vite. Elle se met donc à courir vers un buisson.

Ses parents se mettent alors à la recherche de nourriture. C'est Maman qui, grâce à son œil d'aigle, débusque Marie la première.

«ELLE EST LÀ! LA CHENILLE!» crie-t-elle en pointant avec ses ailes dans la direction de sa fille.

«POURCHASSONS-LA!» crie Papa. Tous deux déploient leurs ailes et s'envolent, en rasant le gazon, à la poursuite de Marie.

Celle-ci parvient cependant à atteindre le buisson et à se cacher derrière une souche de bois.

«Ici, ils ne me trouveront jamais», se dit-elle pour se donner du courage.

Ensuite, elle reste immobile et muette. Son cœur bat à tout rompre.

Ses parents survolent plusieurs fois le buisson. Tout à coup, Papa se met à rire. Il murmure quelque chose à voix basse à l'oreille de Maman, qui fait signe que oui. Marie les tient à l'œil. L'auraient-ils vue?
Quoi qu'il en soit, ils se mettent à planer juste au-dessus de sa tête.
«POUR LE BÉBÉ», s'écrie Maman en se laissant tomber comme une pierre sur Marie qui, en frémissant, ferme les yeux et attend...
Tout à coup, la petite fille sent un frisson lui traverser le corps, comme si sa peau se détachait et tombait.
Ses épaules la démangent et Marie sent une envie irrésistible de voler. Elle ne peut plus rester assise. Toute frétillante, elle sort des buissons en papillonnant, au moment où Maman se rue sur elle, bec en avant. Mais comme c'est précisément à ce moment-là que Marie s'est envolée, Maman se trompe et bute violemment contre la souche.
«Oh, pardon», fait Marie, qui n'a malgré tout pas oublié qu'il s'agissait de sa Maman. Mais que doit-elle faire? L'aider ou s'enfuir?
Papa arrive à son tour et, inquiet, s'occupe de sa femme évanouie.
«Dis quelque chose, chérie», dit-il en lui tapotant la joue de son aile.
«Ah bon! Si tout va bien, je m'en vais...» dit Marie, avant de s'envoler.
Quel bonheur: heureuse et rassurée, elle se met à danser de fleur en fleur. Ensuite, elle se laisse transporter par le vent, fait des culbutes et des spirales et monte très haut dans le ciel pour se laisser retomber ensuite, toutes ailes déployées.

Elle survole une mare et aperçoit son reflet dans l'eau: elle est un grand papillon aux dessins fantastiques et aux couleurs superbes.
«J'ai donc été une vraie chenille?» se demande-t-elle.

Le sourire aux lèvres, Marie est couchée dans son lit, sa poupée dans les bras.
«Debout paresseuse! Réveille-toi!» dit Papa en la secouant doucement. Marie ouvre les yeux avec beaucoup de difficulté. Papa et Maman sont à côté de son lit. Maman tient un nouveau-né dans les bras.
«Il est arrivé cette nuit», dit fièrement Papa. «Marie, tu m'entends?»
«Tu as un petit frère», dit Maman en regardant tantôt Marie, tantôt le petit bébé. «Tu n'es pas contente, Marie?»
Le bébé cligne des yeux, bouge la tête et se met à pleurer.
«Il a faim», dit Maman ...